Anselm Grün

Herr, kehre ein in dieses Haus

Wie wir Frieden finden

mit Texten von Clemens Bittlinger

Vier-Türme-Verlag

Dein heiliger Segen
sei allzeit über uns

Wie viele Mönche und Nonnen weltweit beschließen wir in der Abtei Münsterschwarzach jeden Abend den Tag mit der letzten Gebetszeit, der Komplet. Sie besteht aus einem Psalm, einem Hymnus, einem Gebet und einem Segensspruch. Das Gebet am Ende der Komplet ist schon 1600 Jahre alt. Es lautet:

> Herr, kehre ein in dieses Haus
> und lass deine heiligen Engel darin wohnen.
> Sie mögen uns in Frieden behüten
> und dein heiliger Segen sei allzeit
> über uns und um uns und in uns!
> Darum bitten wir durch Christus unseren Herrn.
> Amen

Manche mögen fragen: Was soll dieses alte Gebet? Es hat eine altmodische Sprache, sie geht an uns und unseren Problemen heute völlig vorbei. So kann man denken.

Man kann es aber auch so sehen: Die Sprache dieses Gebets ist angereichert durch die Erfahrungen vieler Christen, die seit 1600 Jahren diese Worte sprechen. Sie sind erfüllt von dem Glauben, mit dem viele Generationen ihr Leben bewältigt haben. Die Worte lassen uns teilhaben an der Erfahrung von Geborgenheit am Ende des Tages, an der Erfahrung von Vertrauen in Gottes Schutz in der Nacht. Die Worte sind voll von der Glaubenskraft und Lebenskraft vieler Menschen vor uns.

Wenn ich diese Worte spreche, kann ich mir daher vorstellen: Hinter mir stehen viele Menschen, meine Eltern und Großeltern, die dieses Gebet vielleicht auch manchmal

gesprochen haben, und all die Mönche und Nonnen, die es tagtäglich beten.

Sie sagen mir: »Du bist nicht allein. Wir sind bei dir. Wir stärken dir den Rücken. Wir beten mit dir. Und wir sagen dir: Auch dein Leben wird gelingen. Auch du wirst in dieser Nacht von Gott behütet und beschützt sein.«

In diesem Geschenkbuch möchten Clemens Bittlinger und ich die Bitten dieses alten Gebets für dich, liebe Leserin, lieber Leser, auslegen und in Wünsche für dich kleiden. Wir wünschen dir, dass dieses Gebet dich mit Zuversicht, Vertrauen und Hoffnung erfüllt, dass diese Worte dich in den inneren Raum der Stille führen, in dem du dich bei Gott geborgen weißt, behütet und beschützt, gesegnet und geliebt.

Herr, kehre ein in dieses Haus

Dieses Haus ist mein Herz,
mein Körper, meine Seele,
meine Gedanken,
mein Leib, mein Fleisch und Blut.
Dieses Haus ist meine Familie
und alle, die mir lieb und teuer sind,
auch alle, die mir auf die Nerven gehen,
es ist aber auch das Haus,
in dem ich wohne,
meine Nachbarn, die netten
und die schwierigen.

Dieses Haus ist der Ort, an dem ich lebe,

ist unser Land,

sind all jene, die darin wohnen,

und alle, die hier Heimat suchen.

Umschließe und erfülle meine Welt

und den ganzen Erdenkreis!

Herr, kehre ein in dieses Haus!

CLEMENS BITTLINGER

Im Haus der Liebe wohnen

Gott selbst möchte als Herr in dein Haus einkehren, in das Haus, in dem Du wohnst. Es soll vom Geist Gottes, vom Geist der Liebe und der Barmherzigkeit, vom Geist der Milde und des Vertrauens erfüllt sein. Dann kannst du gut in deinem Haus wohnen. Du kannst dann spüren, dass dieses Haus nicht von Streit, von Konflikten bestimmt wird, sondern vom Geist Gottes, vom Geist der Versöhnung und der Liebe.

Gott möchte einkehren an dem Ort, an dem du wohnst. Er wird dann deinen Ort, deine Stadt, dein Land mit seinem Frieden erfüllen. Er wird alle Zwietracht von diesem Ort verbannen, damit du in Frieden und Versöhnung mit den Menschen um dich herum leben kannst, damit dieser Ort für dich zur Heimat wird.

Gott möchte in dein Seelenhaus einkehren. Er möchte aus deinem inneren Haus, das oft voll ist von Ärger, Wut, Enttäuschung, Neid und Hass ein Haus der Liebe formen. Wenn Gott einzieht in dein Haus, wird er all die Hausbesetzer heraustreiben, die dieses innere Haus mit ihren negativen Gefühlen besetzt halten. Gott will in deinem Haus Herr sein, dann wirst du nicht mehr beherrscht von deinen Emotionen und Leidenschaften. Wenn Gott Herr ist in deinem Haus, dann wirst du selbst auch zum Herrn über all die Bedürfnisse, die so gerne Macht über dich gewinnen möchten. So wünsche ich dir, dass Gott selbst in dein inneres Haus einkehre, damit du dich darin zu Hause fühlst. Wo Gott, das Geheimnis in dir wohnt, kannst du bei dir selbst daheim sein.

Und lass deine heiligen Engel darin wohnen

Herr, kehre ein in dieses Haus
und lass deine heiligen Engel darin wohnen!
Kehre aus: die Ungeister
aus meinem Herzen,
den Neid, den Hass,
die Habgier und die Angst,
die Wut, die Verzweiflung
und die Selbstsucht.
Kehre heilend ein und heilige,
mache heil und ganz
meine wunde Seele
mit deinen Gedanken
des Friedens, der Liebe
und der Gerechtigkeit.

Lass sie wohnen in mir,
sich heimisch fühlen,
sie sollen sich einnisten
und einrichten in mir
und mich so verändern,
von innen heraus.
Lass mich so werden
zu einem Werkzeug
deines Friedens.
Herr, kehre ein in dieses Haus!

CLEMENS BITTLINGER

Ruhe finden in Gottes guten Armen

Wir bitten in diesem alten Abendgebet Gott darum, er möge seine heiligen Engel in unserem Haus wohnen lassen. Die Engel bringen das Geheimnis Gottes in unser Haus.

Kinder stellen sich das oft ganz konkret vor, dass die Engel bei ihnen in ihrem Haus wohnen. Eine Mutter fragte mich einmal besorgt, ob ihre Tochter krank sei. Sie ist sechs Jahre alt, und wenn sie mit ihr vom Einkaufen nach Hause kommt, sagt die Tochter zur Mutter: »Mach doch die Tür nicht so schnell zu. Mein Schutzengel will doch auch noch reinkommen.« Und bei Tisch soll der Stuhl neben ihr immer leer bleiben. Das ist der Platz für ihren Schutzengel.

Man kann sagen, das sei naiv. Aber für das Kind ist das durchaus heilsam. Denn sie wohnt allein mit ihrer Mutter in diesem Haus. Sie ist also allein den Stimmungen der Mutter ausgesetzt. Da ist es für die Tochter tröstlich, dass ihr Schutzengel auch in diesem Haus wohnt. Der Schutzengel schützt sie vor den Launen der alleinerziehenden Mutter, die oft genug überfordert ist in ihrem Beruf und zugleich in ihrer Mutterrolle.

Überträgt man diese kindliche Vorstellung in unser Leben, heißt das für mich: Wenn die heiligen Engel bei uns wohnen, fühlen wir uns beschützt. Wir sind nicht einfach den Konflikten und Streitereien, den Launen und schlechten Stimmungen im Haus ausgesetzt. Die Engel halten uns aus, damit wir uns selbst aushalten. Sie stehen uns bei, damit wir zu uns stehen können. Sie wohnen bei uns, damit es bei uns wohnlich bleibt.

Die Engel, die in deinem Hause wohnen, möchten dich befähigen, bei dir selbst zu wohnen, es mit dir selbst auszuhalten und in deinem Herzen Zärtlichkeit und Liebe zu empfinden. Die Engel, die in dein Haus einziehen, möchten die Dämonen der Zwietracht und des Streites aus deinem Haus verbannen.

Künstler haben die Engel immer als schöne Gestalten gezeichnet. Die Engel wollen dein Haus mit Schönheit erfüllen. Schönheit ist eine Spur Gottes in unserer Welt. So möchten die Engel deine Augen öffnen für die Schönheit deiner Wohnung, und in dieser Schönheit sollst du dich von Gottes Herrlichkeit und Glanz umgeben wissen.

Die Engel sind in der christlichen Tradition auch die Wesen, die uns mit dem Potenzial unserer Seele in Berührung bringen, mit den Haltungen und Tugenden, die in unsere Seele eingeschrieben sind, die wir aber oft genug vergessen und von denen wir uns abgeschnitten fühlen. Daher können wir die Engel auch mit Tugenden in Verbindung bringen, mit Haltungen, die uns Halt geben, mit Werten, die unser Leben wertvoll machen, und mit Tugenden, die uns befähigen, gut zu leben.

So können wir uns vorstellen, dass Gott den Engel der Dankbarkeit in uns wohnen lässt. In einem Haus der Dankbarkeit lässt sich gut wohnen. Da entsteht in unserem Haus eine angenehme Atmosphäre. Oder Gott sendet uns den Engel der Geduld, der uns standhalten lässt trotz aller Gefährdungen von außen.

Dir wünsche ich, dass Gott heute Abend seinen Engel der Gelassenheit zu dir sende, damit du den heutigen Tag lassen kannst, anstatt ständig nachzugrübeln, ob alles richtig war. Der Engel der Gelassenheit lasse dich ausruhen von allen Sorgen und ängstlichen Überlegungen. Er befähige dich, dein Ego loszulassen, das nie zur Ruhe kommt. So kannst du gelassen in Gottes guten Armen Ruhe finden.

Sie mögen uns in Frieden behüten

Herr, kehre ein in dieses Haus,
sie mögen uns in Frieden behüten.
Uns alle, die wir beisammen sind,
die wir miteinander leben,
mögen diese Kräfte behüten
im Angesicht von Ungerechtigkeit,
von Neid, von Tratsch, von Hochmut,
Hass, Gewalt und Unbarmherzigkeit.
In Frieden,
nicht in einem Waffenstillstand,
nicht in der Ruhe vor dem Sturm,
sondern im Frieden Gottes,
der höher ist als alle Vernunft!

Frieden in mir,
Frieden in meiner Familie,
Frieden mit den Nachbarn,
Frieden in unserem Land,
Frieden zwischen den Völkern.
Herr, kehre ein in dieses Haus!

CLEMENS BITTLINGER

Im Einklang sein

Wir bitten in unserem Abendgebet, dass die Engel uns in Frieden behüten mögen. Das griechische Wort für Frieden heißt »eirene« und kommt aus dem Bereich der Musik. Es meint die Harmonie zwischen den Tönen. Frieden entsteht in uns selbst, wenn wir die hohen und tiefen Töne, die lauten und leisen zusammenklingen lassen, sodass in uns Einklang entsteht. So wünsche ich dir, dass der Engel des Friedens in deinem Haus wohnt und auch Frieden zwischen allen schafft, die dieses Haus bewohnen. Er möchte die verschiedenen Charaktere, die hier wohnen, zusammenklingen lassen.

Wir können uns in unserer Verschiedenheit reiben und aufreiben, uns gegenseitig das Leben schwermachen. Wir können dem anderen vorwerfen, dass er so anders ist und sich so anders verhält, als wir es erwarten. Der Engel des Friedens möchte dir die Augen öffnen für den einmaligen Ton, den der andere mit seinem Charakter in deinem Haus erzeugt. Freue dich am Abend über die verschiedenen Töne und Klänge in deiner Familie. Und vertraue darauf, dass der Engel diese verschiedenen Töne zusammenklingen lässt zu einer schönen Melodie.

Beschützt und behütet

Die Bitte: »Sie mögen uns in Frieden behüten« verbindet den Frieden mit dem Schutz, mit dem Behütetwerden. Wenn ein Land vor seinen Feinden geschützt ist, können die Menschen hier in Frieden leben. Schutz ist die Bedingung für den Frieden. So sollen dich die Engel behüten und schützen vor allem, was den Frieden gefährdet. Sie sollen dich schützen vor Menschen, die dich verletzen. Sie sollen dich behüten vor kränkenden Worten, vor durchbohrenden Blicken, vor feindlichen Mächten. Gerade in der Nacht, in der du dich selbst nicht schützen kannst, sollen dir die Engel das Vertrauen schenken, dass du in einem geschützten und behüteten Haus wohnen darfst.

Die Engel sollen dich auch behüten vor den inneren Feinden deiner Seele: vor deinen Selbstzweifeln, vor deinen Vorwürfen, mit denen du dir selbst das Leben oft schwermachst.

Die Engel möchten dich behüten vor zerstörerischen Kräften wie Hass und Neid, Sadismus und Masochismus, Selbstablehnung und Misstrauen. Die Engel möchten dich behüten, damit du in Frieden einschläfst und in Gottes Frieden ruhst.

**Und dein heiliger Segen sei allezeit
über uns und um uns und in uns**

Herr, kehre ein in dieses Haus,
und dein heiliger Segen sei allezeit
über uns und um uns und in uns!
Heile und umhülle uns
mit deiner wohltuenden Gegenwart,
deinem Segen,
der uns begleitet, trägt und erfüllt,
mit neuer Hoffnung und Kraft.

Über uns
wie ein Dach,
das uns schützt,
um uns
wie starke Wände,
die uns bergen,
und in uns
wie das Feuer,
das uns wärmt
von innen.
Dein Segen
sei uns wie ein Haus.
Herr, kehre ein in dieses Haus!

CLEMENS BITTLINGER

In Segen verwandelt

Am Abend bitten wir um Gottes Segen. Er möge uns einhüllen wie ein schützender Mantel. Nach Segen sehnen wir uns alle. Wir sehnen uns danach, dass Gott das Werk unserer Hände segnet, dass unser Leben gesegnet ist. Und wir sehnen uns nach den guten Worten Gottes, die uns zusagen: »Du bist mein geliebter Sohn, du bist meine geliebte Tochter. An dir habe ich mein Gefallen.« Wir sehnen uns danach, dass wir mit guten Worten Gottes einschlafen.

Viele Menschen überlegen sich am Abend, ob alles gut war, was sie getan haben. Und oft grübeln sie darüber nach, was sie hätten anders machen sollen. Dann haben sie ständig Gedanken wie »Wäre ich doch ...«, »Hätte ich doch ...« im Kopf: Wäre ich doch beim Gespräch mit meiner Tochter freundlicher gewesen. Hätte ich doch die Entscheidung lieber anders getroffen. Wäre ich doch nicht zu dieser Veranstaltung gegangen, dann hätte ich mich nicht so blamiert – und so weiter.

Manche kommen gar nicht zur Ruhe vor lauter Selbstvorwürfen und Grübeleien mit diesen beiden Worten »wäre« und »hätte«. Da ist es entlastend, den Tag mit allem, was war, Gott hinzuhalten, damit er alles in Segen verwandelt. So wünsche ich dir das Vertrauen, dass Gott alles, was du ihm hinhältst, in Segen verwandelt – deine Gespräche, deine Begegnungen, deine Entscheidungen, deine ausgesprochenen und ungesagten Worte. Und ich wünsche dir, dass der Segen Gottes dich befreit von allem unfruchtbaren Kreisen um dein eigenes Tun.

Gottes Segen sei über uns

Der Segen Gottes möchte über dir sein wie eine schützende Hand, die von oben her alles abfängt, was da auf dich einströmt. Er will dich schützen vor negativen Gedanken, die in deinem Kopf herumflattern. Und der Segen Gottes vermag dein Denken zu verwandeln.

Der Segen Gottes sei um uns

Er sei um dich wie ein schützender Mantel, der die Pfeile abhält, die andere Menschen manchmal auf dich abschießen, spitze Pfeile von Aggressionen, von verletzenden Worten, giftige Pfeile von Neid, Eifersucht und Hass. Und der Segen Gottes sei um dich wie ein wärmender Mantel, damit du nicht frierst in der Kälte, die manche Menschen ausstrahlen, damit du nicht erstarrst in der Abweisung und Ablehnung, die du manchmal erfahren musst.

Der Segen Gottes sei in uns

Er erfülle deinen Leib und deine Seele. Er sei in dir als Liebe, die alles in dir durchdringt. Er bringe dich in Berührung mit dem innersten Raum deiner Seele, mit dem Raum der Stille, in dem Gott selbst in dir wohnt und zu dem der Lärm des Tages nicht vordringen kann, der frei ist von den Selbstvorwürfen und Schuldgefühlen. So wünsche ich dir das Vertrauen, dass der innerste Raum in dir voller Segen ist. Der Segen Gottes wird dir alle Angst nehmen vor dem, was da im Inneren auftauchen könnte, vor Alpträumen oder negativen Gedanken. Der Segen ist der Anker, an dem du dich festhalten kannst in allen Turbulenzen deines Lebens.

**Darum bitten wir dich durch Christus,
unseren Herrn**

Herr, kehre ein in dieses Haus!
Darum bitten wir durch Christus, unsern Herrn.
Amen!
Wir bitten,
wir fordern nicht,
wir berufen uns auf Christus,
unseren Herrn,
der uns ermutigt hat
zu bitten:
»Bittet, so wird euch gegeben,
klopft an, dann werden sich
Türen öffnen!«

Hilf uns, auch die Türen
zu öffnen, die wir gerne
verschlossen ließen,
kehre ein und kehre aus
auch in den hinteren Winkeln
unseres Hauses.
Und putze auch die Fenster
von innen, dass unsere
Augen wieder strahlen
und leuchten in diese Welt!
Herr, kehre ein in dieses Haus!

CLEMENS BITTLINGER

Erhört und befreit

Viele Gebete der Kirche enden mit dieser Formel: »Darum bitten wir durch Christus, unsern Herrn.« Mit diesen Worten haben sich die frühen Christen vergewissert, dass sie nicht alleine beten. Wenn wir unsere Gebete mit dieser liturgischen Formel abschließen, dann vertrauen wir darauf, dass wir in Gemeinschaft mit Jesus Christus beten, dass er mit uns betet. Wir sind in unserem Beten nicht allein. Wir sind angeschlossen an Jesus Christus.

Doch die Formel sagt noch etwas anderes: Wir beten *durch* Christus. Jesus Christus ist der Mittler zwischen Gott und den Menschen. Er steht in der Mitte zwischen uns und Gott, der uns oft so weit entfernt vorkommt. Wir dürfen vertrauen, dass unsere Gebete nicht ins Leere gehen,

sondern durch Jesus Christus bei Gott wirklich ankommen. Unser manchmal zerstreutes Gebet wird durch Jesus zu einem gesammelten Gebet. Es erreicht durch Jesus das Ohr seines Vaters und unseres Vaters. So gibt uns diese Formel das Vertrauen, dass unser Gebet wirklich ankommt und von Gott erhört wird. Es bewirkt etwas. Es bleibt nicht nur in unseren Gedanken oder Worten. Es wird in Gottes Herz hineingetragen.

Wir beten außerdem durch Christus *unseren Herrn*. Durch das Gebet wird Jesus unser Herr, der Herr, der für uns eintritt, der Herr, der unsere Bitten zu Gott trägt, der Herr, der mit uns ist, der auf unserer Seite steht. So wünsche ich dir, dass du im Gebet die heilende und befreiende Nähe Jesu erfährst und dass Jesus dein persönlicher Herr wird, der dich schützt und befreit von allen Menschen, die über dich herrschen möchten.

Amen

Das Wort »Amen«, mit dem die Christen jedes Gebet beschließen, stammt aus dem Hebräischen. Es bedeutet ursprünglich eine Verstärkung des Gesagten: »Ja, so sei es. Ja, so ist es. Ja, so geschehe es.« Das Amen verstärkt unser Gebet. Es gibt uns das Vertrauen, dass unser Gebet nicht verhallt, sondern bei Gott ankommt und auch von Gott her segensreich auf uns zurückwirkt. Es verwandelt uns. Es erfüllt uns mit Segen.

»Amen« heißt im Hebräischen auch: feststehen. Indem wir unser Gebet mit dem Amen schließen, vergewissern wir uns, dass wir im Glauben feststehen, dass wir in unserem Glauben einen festen Grund in Gott haben. Das Gebet gibt uns mitten in der Unsicherheit dieser Welt einen festen Grund, auf dem wir stehen können wie auf einem Felsen.

der Einheit d...

...igkeit. ℟ Amen.

So wünsche ich dir, dass dieses Gebet dir einen festen Stand gibt, dass du vor Gott und in Gott zu dir selbst stehen kannst und dass du den Worten des Gebetes traust. Es sind nicht nur Worte. In ihnen wohnt eine Kraft, die dir Halt geben möchte mitten in dieser unsicheren Welt. Ich wünsche dir, dass du all die Worte des Gebetes auch in deinem Herzen erfährst als Worte des Lebens, als Worte der Ermutigung, als Worte des Trostes und als Worte der Liebe. Amen – so sei es.

Beten mit Herz und Hand

Meine Erfahrung zeigt mir, dass das Gebet eindringlicher auf die Menschen wirkt, wenn es mit einem Ritual verbunden wird. Zwei verschiedene Rituale helfen mir, dass die Worte des Gebetes die Menschen noch tiefer berühren.

Das Kreuz umarmen

Das erste Ritual geht über die Gebärde des Kreuzes. Das Kreuz ist für den Evangelisten Johannes eine Gebärde der Umarmung. Jesus sagt hier: »Vom Kreuz herab werde ich alle an mich ziehen« (Joh 12,32). Am Kreuz umarmt mich Jesus mit meinen Gegensätzen.

So lade ich dich ein, dich aufrecht hinzustellen und die Arme über der Brust zu kreuzen. Dann kannst du folgende Worte sprechen: »Weil ich von Christus am Kreuz umarmt bin, umarme ich in mir das Starke und das Schwache, das Gesunde und das Kranke, das Gelebte und das Ungelebte, das Gelungene und das Misslungene, den Glauben und den Unglauben, das Vertrauen und die Angst, das Lebendige in mir und das Erstarrte, das Helle und das Dunkle.«

Mit dieser Gebärde schützt du den inneren Raum der Stille in dir. Und in diesem Raum der Stille fühlst du dich frei von den Erwartungen und Wünschen der Menschen. Da bist du heil und ganz. Da können dich die verletzenden Worte anderer nicht erreichen. Dort bist du ursprünglich und authentisch. Alle fremden Bilder und alle krank-machenden Selbstbilder lösen sich auf. Du bist ganz im Einklang mit dir. Hier bist du rein und klar. Die Schuldge-fühle und Selbstvorwürfe haben hier keinen Zutritt. Und dort, wo das Geheimnis Gottes in dir wohnt, kannst du bei dir selbst zu Hause sein.

In diesen inneren Raum der Stille, in dieses innere Haus auf dem Grund deiner Seele kannst du das Abendgebet sprechen. Dann fühlst du dich wirklich vom Segen Gottes erfüllt. Du spürst, dass die heiligen Engel in dir wohnen und dass Christus als Herr in dir ist und dir wahre Freiheit ermöglicht.

In dieser Haltung der über der Brust gekreuzten Arme empfindest du eine tiefe innere Ruhe.

Mit offenen Händen

Das zweite Ritual, das die Wirkung des Gebets vertiefen kann, ist die Haltung der offenen Hände. Ich möchte dich einladen, aufrecht dazustehen und deine Hände in Form einer Schale vor dich hinzuhalten. Halte deinen Tag Gott hin, ohne ihn selbst zu bewerten. Vertraue darauf, dass Gott alles, was war, in Segen verwandelt. Halte die Hände offen Gott hin und sei dankbar für alles, was Gott in deine Hand gelegt hat, was er dir heute, an diesem Tag, geschenkt hat an guten Begegnungen, fruchtbaren Gesprächen, freundlichen Blicken, Worten, die dich berührt haben, Einsichten, die dir aufgeleuchtet sind. Danke Gott dafür, was er dir an Fähigkeiten in die Hand gelegt hat: Kraft und Klarheit, Kreativität und Zärtlichkeit, die Gabe, aufzurichten, zu ermutigen, zu schützen, zu behüten,

Geborgenheit zu schenken, Liebe weiterzugeben, etwas schön zu gestalten, einen Weg zu weisen, zu lenken und zu leiten. Dann sprich in diese offenen Hände, die gleichsam die Türe sind zum inneren Seelenhaus, ganz langsam die Worte des Gebetes. Auch in dieser Haltung können die Worte tief in unsere Seele eindringen. Die offenen Hände öffnen deine Seele und dein Herz für die Worte des Gebets.

Bibliographische Information der Deutschen Nationalbibliothek

Die Deutsche Nationalbibliothek verzeichnet diese Publikation in der Deutschen Nationalbibliographie. Detaillierte bibliographische Daten sind im Internet über http://dnb.d-nb.de abrufbar.

Frontispiz © photocase.de/daniel.schoenen, 2 © shutterstock.com/Sharnikau Uladzimir, 4 © photocase.de/daniel.schoenen, 5 © iStock.com/siun, 6 © iStock.com/Halfpoint, 11 © shutterstock.com/anshu18, 12 © shutterstock.com/NFGuzenko, 17 © iStock.com/eyecrave, 18 © iStock.com/serdjophoto, 21 © shutterstock.com/Normana Karia, 22 © shutterstock.com/cosma, 23 © fotolia.com/Jeanette Dietl, 25 © photocase.de/Nordreisender, 28 © shutterstock.com/Anatoli Styf, 31 © iStock.com/mammoth, 32 © shutterstock.com/Tanakorn Moolsarn, 35 © iStock.com/borchee, 36 © iStock.com/Taku_S, 40 © iStock.com/swedewah, 42 © iStock.com/R-J-Seymour, 45 © iStock.com/fotoVoyager, 46 © shutterstock.com/Soumaya Mahdy, 49 © shutterstock.com/Barbara Dudzinska, 52 © shutterstock.com/AnastasiaNess, 55 © shutterstock.com/Shchipkova Elena, 56 © shutterstock.com/Romas_Photo, 59 © Stefan Weigand, 60 © shutterstock.com/Zhukov Oleg, 63 © photocase.de/BE2k13, 64 © Stefan-Weigand, 67 © iStock.com/hookmedia, 68 © iStock.com/Dimitris66, 71 © iStock.com/encrier

1. Auflage 2017
© Vier-Türme GmbH, Verlag, Münsterschwarzach 2017
Alle Rechte vorbehalten

Gestaltung: wunderlichundweigand
Covermotiv: © BigganVi/shutterstock.com
Druck und Bindung: Finidr s.r.o., Český Těšín
ISBN 978-3-7365-0047-1

www.vier-tuerme-verlag.de

Dieser Geschenkband ist auch als umfangreiches Hörbuch auf CD erhältlich, mit allen Texten von Pater Anselm Grün selbst gesprochen und erweitert durch die einfühlsamen Lieder von Clemens Bittlinger.

Anselm Grün, Clemens Bittlinger

Herr, kehre ein in dieses Haus
Wie wir Frieden finden

CD im Jewelcase, Spielzeit ca. 70 Minuten
ISBN 978-3-7365-0048-8

www.vier-tuerme-verlag.de